Trova la tua calma interiore, colorando
un respiro alla volta

La storia dei mandala è affascinante e ricca di significato. Questi disegni geometrici hanno radici profonde in diverse culture e tradizioni spirituali. Ecco un breve riassunto:

Origini: La parola "mandala" deriva dal sanscrito e significa "cerchio". I mandala sono stati utilizzati per migliaia di anni in molte culture, tra cui l'induismo, il buddismo, il taoismo e l'arte tribale. Le prime tracce di mandala risalgono all'antica India.

Buddismo e Induismo: Nel buddismo tibetano e nell'induismo, i mandala sono spesso utilizzati come strumenti di meditazione. I monaci buddisti creano intricati mandala di sabbia colorata, che vengono poi distrutti per simboleggiare l'impermanenza della vita. Gli induisti li usano come rappresentazioni simboliche dell'universo e della divinità.

Simbolismo: I mandala rappresentano l'equilibrio, l'armonia e l'unità. Sono spesso composti da forme geometriche come cerchi, quadrati e triangoli. Il centro del mandala è considerato sacro e rappresenta il nucleo dell'esistenza.

Terapia e Guarigione: Nel mondo occidentale, i mandala sono stati adottati come strumenti di terapia e guarigione. Colorare mandala può aiutare a ridurre lo stress, migliorare la concentrazione e promuovere il benessere emotivo.

Carl Gustav Jung: Lo psicologo svizzero Carl Gustav Jung ha studiato i mandala e li ha utilizzati come strumenti per esplorare l'inconscio. Credeva che creare e contemplare mandala potesse portare alla comprensione di sé e alla crescita personale.

In sintesi, i mandala sono molto più di semplici disegni; sono veicoli di significato profondo e connessione spirituale.

TU SEI FORTE

YOU'RE STRONG

NON SONO SOLO

I'M NOT ALONE

COLORA VIA LE PAURE
I'M
OK
COLOR AWAY FEARS

LA TUA POSITIVITÀ E
OTTIMISMO SONO CONTAGIOSI

YOUR POSITIVITY AND
OPTIMISM ARE CONTAGIOUS

TROVA LA FORZA
DENTRO DI TE

FIND THE STRENGTH WITHIN
YOURSELF

SONO AL SICURO

I'M SAFE

RESPIRA PROFONDAMENTE,
TUTTO ANDRÀ BENE

BREATHE DEEPLY, EVERYTHING
WILL BE ALRIGHT

QUESTO MOMENTO PASSERÀ

THIS MOMENT WILL PASS

SONO PIÙ FORTE DELL'ANSIA

I'M STRONGER
THAN ANXIETY

OGNI RESPIRO MI CALMA
EVERY BREATH
CALMS ME DOWN

HO IL CONTROLLO DELLA MIA MENTE E DEL MIO CORPO

I'M IN CONTROL OF MY MIND AND BODY

MI CONCENTRO
SUL PRESENTE

I FOCUS ON THE PRESENT

POSSO SUPERARE QUALSIASI COSA

I CAN OVERCOME ANYTHING

POSSO AFFRONTARE
UN GIORNO ALLA VOLTA

I CAN TAKE IT ONE
DAY AT A TIME

OGNI DIFFICOLTÀ È
UN'OPPORTUNITÀ PER
CRESCERE

EVERY DIFFICULTY IS AN
OPPORTUNITY TO GROW

LA MIA MENTE È UN
LUOGO DI PACE

MY MIND IS A PLACE
OF PEACE

IL MIO RESPIRO È LA MIA ANCORA

MY BREATH IS MY ANCHOR

MI PERDONO PER LE MIE
PREOCCUPAZIONI

I FORGIVE MYSELF FOR MY
WORRIES

SONO CAPACE DI
TROVARE LA MIA
CALMA INTERIORE

I'M ABLE TO FIND
MY INNER CALM

LE MIE EMOZIONI NON MI DEFINISCONO

MY EMOTIONS DON'T DEFINE ME

SCELGO DI
RIMANERE POSITIVO

I CHOOSE TO
STAY POSITIVE

SONO GRATA PER QUESTO MOMENTO

I'M GRATEFUL FOR THIS MOMENT

IL MIO CUORE È TRANQUILLO

MY HEART IS QUIET

SONO UN'OPERA IN CONTINUA EVOLUZIONE E OGNI ESPERIENZA MI RENDE PIÙ FORTE

I AM A WORK IN CONSTANT EVOLUTION AND EVERY EXPERIENCE MAKES ME STRONGER

ANCHE NEI MOMENTI BUI, LA LUCE È DENTRO DI ME

EVEN IN THE DARK MOMENTS, THE LIGHT IS WITHIN ME

OGNI BATTITO DEL MIO CUORE È UN
SEGNO DI VITA E SPERANZA

EVERY BEAT OF MY HEART
IS A SIGN OF LIFE AND HOPE

OGNI RESPIRO È UN PASSO
VERSO LA PACE INTERIORE

EVERY BREATH IS A
STEP TOWARDS INNER PEACE

ANCHE IL BUIO PIÙ PROFONDO NON PUÒ SPEGNERE LA LUCE DELLA MIA ANIMA
EVEN THE DEEPEST DARKNESS CAN'T EXTINGUISH THE LIGHT OF MY SOUL

OGNI SFIDA È UN'OPPORTUNITÀ
DI RISCOPRIRE LA MIA RESILIENZA

EVERY CHALLENGE IS AN
OPPORTUNITY TO REDISCOVER MY
RESILIENCE

LA MIA ESSENZA È PIÙ GRANDE
DELLE MIE PAURE

MY ESSENCE IS GREATER
THAN MY FEARS

ATTRAVERSO I COLORI,
TROVA TE STESSO

THROUGH COLORS, FIND YOURSELF

CALMA L'ANIMA, UN COLORE ALLA VOLTA

CALM THE SOUL, ONE COLOR AT A TIME

COLORA VIA L'ANSIA, RESPIRA
SERENITÀ

COLOR AWAY ANXIETY, BREATHE
SERENITY

OGNI TRATTO, UN PASSO VERSO LA PACE

EACH STROKE, A STEP TO PEACE

RIFUGIO NEL COLORE, RESPIRO NELLA CALMA

REFUGE IN COLOR, BREATHE IN CALM

ARMONIA INTERIORE, UN
MANDALA ALLA VOLTA

INNER HARMONY, ONE MANDALA
AT A TIME.

LA PACE NEI COLORI

PEACE IN COLORS

FIND YOURSELF IN COLOR

UN RESPIRO, UN COLORE.

ONE BREATH, ONE COLOR

CALMA TRA LE LINEE
CALM WITHIN THE LINES

COLORA LA TUA MENTE

COLOR YOUR MIND

RESPIRA E COLORA

BREATHE AND COLOR

OGNI COLORE, UNA GUARIGIONE

EACH COLOR, A HEALING

Grazie per aver intrapreso questo viaggio di colore e riflessione con "Mandala Terapeutici per Adulti: Frasi Motivazionali per Alleviare Stress e Ansia". Ogni pagina che hai colorato è un passo verso la tua pace interiore e un'espressione della tua creatività unica.

Colorare non è solo un passatempo, ma una forma di meditazione che può aiutare a calmare la mente e a ritrovare equilibrio. Le frasi motivazionali che hai incontrato lungo il percorso sono state pensate per offrirti supporto e incoraggiamento nei momenti di bisogno.

Ricorda che la calma e la serenità sono sempre a portata di mano, un respiro e un colore alla volta. Ogni volta che ti senti sopraffatto, torna a queste pagine e lascia che i colori e le parole ti guidino verso un luogo di tranquillità.

La tua forza interiore è infinita e la tua capacità di trovare bellezza e pace è sempre presente. Continua a esplorare, a colorare e a crescere.

Grazie per aver condiviso questo viaggio con noi. Che tu possa trovare sempre la tua luce interiore e la serenità che meriti.

Con gratitudine e serenità,

Loredana Balcan